河出文庫

考えるということ

知的創造の方法

大澤真幸

河出書房新社

まえがき

私の仕事の大半は、読み、考え、そして書くことにある。本書は、私が本をどのように読み、いかにしてそこから思考を紡ぎ出すか、具体的に例示することを目的としている。

考えることは、人間の義務でもなければ、原初的な欲望でもない。しかし、あるショックを受けたとき、人は思考しないではいられなくなる。このショックのことを、哲学者ジル・ドゥルーズは「不法侵入」に喩えている。ありきたりの知識や解釈では、不法侵入を受け止めることができないとき、人は思考することを強いられる。

だが、不法侵入のショックに拮抗できるだけの、思考の深みに達することは、容易ではない。常識の壁が、思考の深化を妨げるからである。常識の引力から脱して、思考をおし進めることは、たいへん困難なことだ。あれこれと考えるが、「どこか違う」、「これではあのショックには釣り合わない」と思うような平凡な結論に至りついてしまう。

そのように感じる人は多いだろう。

そのとき、人は、思考の化学反応を促進する触媒を必要とする。そのような触媒の中で最も重要なものは、もちろん、他人たち、相談相手になってくれたり、議論に応じてくれたり、ときにはだまって話を聞いてくれるさまざまな他者たちである。その次に重要な触媒は、まちがいなく書物だ。

とはいえ、他人が、あなたが思考すべきことの結論を知っているわけではないのと同様に、書物に、そのまま回答が記されているわけではない。思考を深化させるためには、書物の力を創造的に活用する技術をもたなくてはならない。本書で、私は、私自身が書物をもとに、どのように思考しているのかを、実例によって示してみた。

*

序章は、思考技術の原論である。何を、いつ、どのタイミングで、いかにして考えるのか。編集部のインタヴューに応ずる形式で、こうした問いに答えている。

本書の本体をなす、真ん中の三つの章は、それぞれ、社会科学、文学、自然科学の五〜七冊の書をとりあげ、それらの中核部分を読み解く形式で、思考を展開する。それぞれの章には主題があり、その主題に関連する傑作をとりあげている。社会科学篇の主題は「時間」、文学篇の主題は「罪」、そして自然科学篇の主題は「神」である。

この三つの章に関しては、それぞれ独立に読んだとしても、また思考術を習得するという目的とは離れて読んだとしても、意味あることを書いたと自負している。さらに、三つの章をすべて読んだときには、読者は、社会科学、文学、自然科学といった知の異なる領域が、私が展開する思考の中で共鳴しあうさまを実感するだろう。右記の三つの主題は、恣意的に決められたものではなく、こうした共鳴を引き起こすことを目的として選ばれたものである。各章の論述は、一つの結論に達することよりも、とりあげた著書の、それぞれの個性と戯れることに重点をおいている。

これら三つの章は、河出書房新社が主宰している小さなセミナーでの講義をもとにしている。セミナーは、〈考えること〉と〈読むこと〉の一体の運動を、ライブとして提示するために行われた。文章にも、そのライブ感が残っているものと思う。

最後の章では、実際に原稿の依頼を受け、執筆し、それを公表するにあたって、何に留意し、何を行うのか、具体的で実務的な問題について論じている。

どの章から読んでいただいても構わない。

目次

序章

考えることの基本

1　何を思考するか

考えずにはおられない何か

思考とひとくちに言っても、さまざまな時間のレベルがある。

非常に長期的なスパンで考えていること、出来事に瞬時に反応して考えること、あるいは、その中間の時間感覚で考えていることもある。

しかし、その全体が有機的につながっていないことには深い思考はできない。

自分にとってほぼ一生をかけて考えるテーマとは何なのか。それは、「俺の人生のテーマは何にしようか?」などと一日考えて決めるようなものではない。おそらくその人が生きていく中で、ある意味で自然と決まってくるものである。

私の感覚では、十代の中盤、思春期の頃ぐらいには最も基本的なところは出来上がっている。そのときにはもちろんそういう意識はないのだから、あとで振り返ってみれば、ということだけれども。

自然と決まってくると言ったが、人間は放っておけばものを考える、というものではない。ほんとうはものを考えなきゃいけないのかどうかすらわからない。けれども、考えずにはおられないということが起きる。

それはなぜか。おそらく生きている中で感じている、世界との折り合いの悪さみたいなものに、考えて言葉にしていくというかたちで対応しているのだ。いやがおうにも思考を促すそうした折り合いの悪さは、十代、思春期の頃から感じるようになることが多い。子どもから大人になる時期に、つまり思春期に誰しもちょっとした飛躍を経験する。その飛躍のあとで自分の考えてきたことには、さまざまな蓄積や変遷があったとしても、ある種の連続性がある。

生きることに対する違和感みたいなものを概念として捉えていくこと、それこそがライフワーク的なテーマと言えるものにつながるのではないだろうか。

テーマを小分けにする

さて、一生のテーマ（のようなもの）が見つかったとしてみよう。

私は、考えたことの成果として論文を書いたり本を書いたりすることを仕事としている。しかし、その一生のテーマの結論について、当たり前だが、いきなり今年書けるというわけではない。

一生のテーマなのだから、そう簡単に最終的な結論が出るわけではない。一生考えても答えは出ないかもしれない。だから、それを中期のテーマ、短期のテーマに転換しなければならない。テーマを小分けにすることが必要になってくるのだ。

長期のテーマは、今述べているように、一生考え続けるもので、したがって、十年以上の思考の蓄積を必要とする。

中期というのは、極端に大部ではない、普通の厚さの一冊の本をイメージするといいだろう。すでに基礎的な蓄積や準備がある人ならば、この種の本は、一年から三年くらいの期間で完成させることができる。ついでに述べておけば、修士とか博士の学位をとるための論文として成功するのは、中期の単位の仕事である。

短期というのは、一年未満の仕事である。数ヶ月とか、あるいは来月までの締切とか、ときには一週間くらいの場合もある。「こんな出来事があったのでさっそくそれについて考えてみましょう」みたいなこともある。

たとえば、先日、私は自分の故郷で講演をしてきたのだが、「地元志向」という現象について、『あまちゃん』を素材にして語った。たまたま、講演の日が、『あまちゃん』の最終回の翌日だったからである。「あまロス」なんていう言葉ができるぐらいヒットしたわけだが、あのドラマはどうしてそんなにもインパクトがあったのか。そう問うてみることを通じて、いろいろなことが見えてくる。たとえば、これは短期のテーマと言えるだろう。

このように小分けにしてテーマ設定をしないと、なかなか成果は出てこない。

しかし短期、あるいは中期のテーマは、一生考え続けるような長期のテーマと、実はつながっているのだ。

答えは、ある

重要なことは何か。

非常に長期のテーマというのは、いつ答えが出るかわからないし、答えと呼ばれる性質のものがそこにあるのかすらわからない。

しかしそこで、「だから答えがなくてもいいんだ」と思ってしまうと、思考は止まってしまう。

「答えはあるんだ」。はじめからそう決めてかからなければいけない。

いきなり長期の問いの答えを出すことは難しい。いっぽう、中期あるいは短期の問いは、その範囲内で必ず答えを出すことが求められるし、出さなければいけないという衝迫も強い。そして実際、その都度、なんらかの答えは出せる。

私の考えでは、答えがないかもしれない問いに対して、必ず答えがあるかのように想定して、取り組まなくてはならない。そういう想定がうまく機能するためには、問いを中期あるいは短期のものへと転換し、設定し直す必要が出てくるのだ。

このことが、思考を止めないために、つまり全体を有機的につなげるために、きわめて重要なことなのだ。

一生のテーマとは

たとえば、『あまちゃん』を観てみんな面白いと思っているということ、それ自体に興味がひかれる。自分もそれを観て、何か言いたくなる。そういう感覚になるのは、そこに、自分の中の持続的なテーマに触れるものがあるからだ。持続的テーマと、『あまちゃん』現象とが、どこかで共振しているのだ。短期のテーマというと、思いつきだとか出会い頭の問題について考えているみたいに思うかもしれない。

でも、それは違う。

自分の中に長期のテーマがずっと居座っていて、あるいは眠っていて、いろんな出来事との関係で刺激を受ける。それがとりあえず答えたい問いというものを浮上させる。『あまちゃん』について論じるということは決してライフワークではないのだけれども、しかし自分の中でずっと気になっている問いに肉薄するための一歩を、『あまちゃん』に託して刻むことができる。短期・中期のテーマと長期のテーマとの関係は、言ってみれば、このようになっているのだ。

人間はなんでもかんでも考えなきゃいけないということはないけれども、考えることで何かを成し遂げようとした場合には、やはり十代ぐらいから少しずつ組み立てられていく、できればメリハリのきいた、一生考えなきゃいけないテーマがはっきりあるということが重要である。それがあると、それとの関係でいろんな問いが網に引っかかるように絡まって、出てくる。それに応じて、短期で処理したり年単位で処理したりという問題を設定し、それに答えるという作業を重ねていくと、結果的にライフワーク的な仕事のための道具がひとつひとつ整っていくことになる。

2　いつ思考するか

出来事の真っ最中に考える

「ミネルヴァの梟は黄昏に飛ぶ」とヘーゲルが言うように、出来事に対して思考というものは遅れる。この遅れは、構造的なものであり、必然である。つまり、この遅れは、思考が引き受けざるをえない宿命である。

しかし、究極的にはそういう条件があるのかもしれないけれども、それでも、方法によっては、出来事の真っ最中にものを考えていくことは可能であり、私は、そういう前提で思考することにしている。

もっとも、こうした態度には、良し悪しがあって、「もうちょっと素直に没入しろよ」みたいなことを言われかねないものでもある。たとえばドラマや映画を観ているとして、観ているうちに「この部分が面白い」と感じたとする。そうすると、ただ「面白かった」で済ませられなくなってきて、観ながらいろいろ分析したり解釈したりしてしまう。

だから、私は、出来事の真っ最中にあるとき、いつも自分が分裂している気分になっている。観ていてそれを楽しんだり驚いたりする、そういう流れに身を委ねている自分もいるけれども、他方でそこから身を引いて冷静に考えてしまっている自分がいる。自分が二重化している感覚があるのだ。短期のテーマであれば、出来事の真っ最中に答えを出していることとさえある。

同時代と共振する

だが、少なくとも、こうした態度をとることは、社会学という学問にとっては、宿命であり、また使命でもある。社会学は、近代に生まれた学問、比較的若い学問である。それは、〈現在〉というものを何か、自分たちが今まさに経験していることは何かということを、何とか言葉にしたいという強い衝動が学問として結晶したものだ。だから、今起きていること、自分自身を含む人々が関心をもっている問題や出来事に対して何かが言えないのであれば学問としての存在理由がなくなってしまうようなところが、社会学にはあるのだ。

それゆえ、「社会学」の勉強として、教科書に書いてあることを読んだり、ずっと昔の学説を覚えたりするだけでは、ぜんぜん足りないし、意味がない。それでは、何のために「社会学する」のかがわからなくなってしまう。だから、社会学の探究者は、何か「こと」が起きれば「同時代に生きる者として社会学的に何を言えるか」という問いを突きつけられている。つまり、社会学には、同時代と共振するということが学問的な使命として内蔵されているのである。

こうした事情は、ほんとうは社会学に限ったことではない。そもそものを考えるということ自体が今を生きるということとの関係で出てきているのである。いかに浮世離れしたように見える学問であっても、もとをただせばその時代と共振しているのだ。人間というものは、その時代や社会に組み込まれながら、そこから出発しながら考えていくわけだから、それは当然のことなのである。

のちの章で扱うが、アインシュタインの仕事にしても量子力学にしても、自分たちとしては時代の動きなんかにいちいち翻弄されずに集中しながらものを考えるという仕事をしているわけだけれども、しかし実はその時代に起きている人間の精神の変化のいちばん前衛的な部分に深く共振している。だからこそいい仕事ができたのである。

ただ、社会学という学問に関して言うと、その同時代との共振それ自体を、自覚し、言葉にしようとしたところに、その顕著な特徴がある、ということはできるだろう。

本質的な出来事は反復する

さて、話をもとに戻そう。今、出来事と同時進行的に思考する、ということについて述べてきたのだが、しかし、他方で、少し時間が経ったことによってわかってくることもある。とりわけ、ものごとが「反復」されたときにそう感じることが多い。

一つ例を挙げよう。一九八八年から八九年にかけて東京・埼玉連続幼女誘拐殺人事件、いわゆる宮﨑勤事件というものがあった。そのとき、非常にショックを受けはしたけれども、すぐに自分の思考の主題にするという気持ちにはならなかったのだ。つまり、自分の現在というものに深く染み込んでくる問題とは感じられなかった。

ところが、一九九五年、オウム真理教事件が起こったときに、もちろんそれは宮﨑勤事件とは関係ないけれども、ある種の現代的な共通性を感じることになった。宮﨑勤事件というのは「オタク」という言葉が人口に膾炙するきっかけとなった事件である。オウム真理教事件でも「オタク」という言葉が浮上してきた。オウムは、「オタクの連合赤軍」などと呼ばれたりしたのだ。私の場合、オウム事件を媒介にして、リアルタイムでは見逃していた宮﨑勤事件の意味を考えるようになった。つまり、オウム事件へと至る社会の変容は、宮﨑勤事件において、すでに始まっていた、ということを学問的に自覚したのだ。

マルクスがヘーゲルに託して述べているように、本質的な出来事は反復する。反復されたときにはじめて思考のテーマとして明確に意識化されるようになる。

ただ、そのとき重要なのは、「それ」が反復だと気づくことである。その出来事自体が「自分はあれこれの反復です」と声を大にして言っているわけではないので、これは過去のあれの反復である、ということに自分で気づかなくてはならない。そして、気づいたときには、実は、無意識のうちにすでに思考はスタートしていた、ということになる。つまり、最初の出来事のときに、気づかぬうちに、思考は開始されていたのである。反復されたとき、そのことに思考自身が気づくのである。逆に言えば、〈反復〉を感じられる出来事には本質的なものが孕まれていると考えた方がよい。

前にもあった、という感じ

出来事の反復性は何も無理して見出されるようなものではない。何か出来事が起きたときに驚きとか不安を感じたとする。そのときに「この感じって前にも受けたよな」という気分になることがある。その感覚を大切にしなければならない。「この感じを受けたのはいったいいつのことだろうか」「なぜまた感じている気がするんだろうか」と、思考を進めてみるのだ。

実際の出来事だけではなく、本を読んでいてもそうだ。読んでいてすごくおもしろいと感じたり感激したりする。そうしたとき、「これと同じようなことをどこかで、別の本を読んだときにも感じたぞ」というように、過去の感覚を思い出すことがある。前に読んだときには見過ごされていたんだけれども、心の底のどこかには残っていて、のちに別の本を読んだときにそれが発掘される、そういうことがあるのだ。

次章でとりあげているヴェーバーやマルクス、見田宗介（真木悠介）の本は、私にとって、そうした感覚が頻繁に起こる本である。それらの本を、十代のときにはじめて読んだ折にも感動したのだけれども、その後、自分の中で重要性が何重にも増していった実感がある。人生経験を積んだり、別の本を読みながら考えるうちに、それらがどんなに重要であったかということにあらためて気づくのである。

だから、出来事にしても読書体験にしても、反復において思考の対象になるケースが非常に多い。反復されているということはすでにあったということだから、思考の自覚はかなり後れをとったと言えなくもないけれども、しかしその反復されている二度目の出来事の渦中でそれを感じているわけだから、そのときには同時代的に共振しながら考えているという面もあるのだ。

潜在していたテーマが刺激され、浮上する

プラトンがソクラテスの言葉として書いている有名な説に、「思考とは想起することである」という趣旨の命題がある。人は思い出すというかたちで考えるというわけだが、思考をどうして、そのように捉えなければならないか、ということには、理論上の理由がある。

哲学というのは「何々とは何か」という問いのかたちで考える。善とは何か、正義とは何か、真理とは何か、美とは何か、存在とは何か、と。けれども、そういう問い自体が成り立つかどうかと考えてみよう。たとえば「鉛筆は何色だろうか」と問うのは、鉛

筆というものが何であるか予めわかっていて、その「色」という属性だけが不明だ、という情況である。だから、われわれは、そのわかっている「鉛筆」なるものについて、それが何色かを調べ、赤色だったとか黒色だったとか答えることができる。あるいは、「財布はどこにあるのか」という問いが探究できるのは、「財布」が何であるかを知っていて、その位置だけが不明だからである。ところが、本質的な問いは、「〇〇とは何か」という形式をとる。たとえば、「美とは何か」と。しかし、そもそも「美」が何であるかがわからないときに、美を探すことができるのだろうか。探しあてた何かの答えが、「美」であるということはどうしてわかるのだろうか。そこで、次のように考えてみる。魂は、もともと「美」とは何かを知っていたのだが、忘却してしまっており、それが想起されるというかたちで見出されるのではないか、と。――これがソクラテス＝プラトンの言い分である。

このソクラテス＝プラトンの「真理の想起説」の妥当性については、ここでの課題ではない。ただ、考えたことは実は想起したことだったんだと思いたくなる気分は、私にはよくわかる。

つまり、自分の中にずっと潜在しているテーマがあり、それが刺激されて再び浮上すると、一種のデジャヴのような感覚を抱きながら、それを言葉にしているような気がするのだ。「これは一度自分が考えたかもしれない」と。一度考えたことなのに表に出てこなかったことを今また考えている、そのような気分にしばしばなるのだ。

たとえばオウム事件が起きたときには、次々と毎日のように新しい報道があって、それと同時進行で考えたり書いたりしていたのだが、そのときに「自分はこのことについてすでに考えたことがある」という気持ちになるし、実際そういう部分もあると思うのだ。それくらい自分が常に考えているテーマと実際の出来事が共振することがある。

理論を自分が考える言葉で置き換える

そのようなかたちで思考しているときに、当然、それまでに自分が習得してきた学問的装置、先達たちが生みだしてきた理論が利用されることになる。

その際に重要なことは、そうした理論が新しいとか古いとか、流行っているとか今はほとんど忘れられているとか、そんなことではない。

ある理論に魅力を感じて勉強するということは、もとをただせば、現在を生きる人間としての自己理解とか悩みとか、そうしたこととの関係で「ああ、こういうふうになっているのか」「そう考えると道が開けるのだ」等と感心したことが根にあるのだ。だから、自分が普通に生きているときに日々ぶつかってしまうような問題を、その理論や概念を使って考えられるかどうかということが重要である。

ある理論をひとつの知識として勉強することは難しくないけれども、それがただの知識として蓄えられているだけだったら、その後、自分の中であらためて浮上してくることはない。たとえばオウム事件について考えているときに、ある理論が自然に浮上してくるようになるためには、その理論が自分が生きる上での問題とどう絡んでいたかということが肝心なポイントになる。逆に言うと、それに絡まなかった理論というのはいくら知識で蓄えていてもほんとうに問題を解くときには何の役にも立たない。

学生にもよく言うのだ。たとえば、ゼミで難しい本を読んだとする。それを学生に要約させる。すると、ただの抜き書きのような要約をする者がいる。そんなとき私は「それは君が考えるときの言葉で置き換えるとどうなる？」と問うてみる。その本の、そのわかりにくい言葉で自分はものを考えられるのか。自分が生きる上で、深刻な問いを、その言葉を使って考えられるのか。もちろん考えられるならよい。でも、そうじゃなかったらだめである。自分が考える言葉で置き換えればこうなると言えないと役に立たない。

だから、常に自分に問いかけるとよい。この理論や概念は、自分が自分の問題を考えるときにはどういう表現になるだろうか、と。

3　どこで思考するか

アイディアは身体の外に

ものを考えるということは、生理的にみれば脳のどこどこの部分が活性化している、等と言われるだろう。しかし、思考している私自身の主観的な感覚では、思考は頭の中でぐるぐる巡っていますというのとはちょっと違う。アイディアも、頭の中で生まれるという感覚ではない。

私の場合には、発見しかかったアイディアは、身体から少し離れた場所、もう少し特定して言えば、額のわずかばかり先の上方で宙に浮いている。そんな気分がする。

しかも、そのアイディアの位置や存在の仕方は、非常にデリケートだ。「そこ」に、つまり額の少し先に、アイディアがあることはわかる。しかし、それが「何」であるかは、まだ、しかとはわからない。何かが、私の不可視の網に引っかかっている感じはしている。それを正確に、乱暴にではなく捉えることが非常に重要だ。

アイディアは、最終的には言葉にすることで、ほんとうに捉えたことになる。その中空にある「もの」を早く言葉にしたいという、はやる気持ちがある。そのあいまいな「もやもや」とした感覚を早く克服するために、言葉にしたい。早く言葉にしないと、それは、消えてなくなりそうなので。

しかし、あまりにも早く、あわてて言葉にし過ぎてはいけない。そうした乱暴な扱いは危険である。そのあいまいな、まるで壊れやすいシャボン玉のような、生まれかけたアイディアが、そうした乱暴な扱いをすると、パチンと壊れてしまう。こういうときには、「言葉」として我が手にあるものと、あのぼんやりと浮いていた原初のアイディアとは「違う」という感覚が否み難く残る。急ぐと、捉えるべきものとは別のものを捉えてしまった、そんな印象をもつことになる。何か捉え損なった、そこに大きな魚がいるのだけれども捕まえてみたら違う方の小さな魚になってしまった、あるいは、全部を捉えられないで一部だけになってしまった、そういう気分になるのだ。

紙の上に書く

発見のもっている大きさに見合うように言葉にするのはどうしたらよいか。

考えている場所は、自分の身体の外である。それを言葉にする。そのときに、逆説的だが、言葉を媒介にしてアイディアを自分の中で完全に内面化したような気分になってはいけない。言葉は自分の内面から絞り出されるのでは、ない。

言葉にするためにはやらなければならないことがある。方法自体は簡単なことだ。まっさらな紙の上に書くのだ。

自分の捉えているもの、完全には言葉になっていないが、しかし言葉を待ち続けるとだめになってしまうもの、それをまず紙の上に不完全な言葉としてとりあえず書き留めておく。この作業を必ずしなくてはいけない。

これは人に見せるものではない。書かれたものに関して、「これだ」という感覚と「これではない」という感覚の両方があるからだ。下手に言葉にし過ぎてしまうと、発見しかけたこととの大きさの割につまらない論文になりかねない。しかし、ここでチャンスを逃してしまうと、この「何かがある」という感触が消えてしまう。そうしたジレンマのさなかで、何とかぎりぎりの妥協点として紙の上に書くという作業をする。

「一渡り感」が重要

私の考えでは、紙の上に書く際に重要なことがある。それは、「一目で見渡せる」ということだ。

紙が小さ過ぎると、気になることを全部書くには狭過ぎ、紙上で思考が展開する余地がなくなってしまう。しかし、この段階では、何枚にもわたって書き連ねるようなメモは意味がない。一目で見渡せないからである。私自身の身体感覚では、せいぜいA4サイズ一枚くらいがちょうどよい。

思いついたことをランダムに書いていくと、けっこうな量になることもある。その場合には、圧縮して、一目で見渡せるメモに置き直していく必要がある。そこまでできると、目の前で宙に浮いてフワフワしていたアイディア以前のアイディアが、しっかり捕